Münster

Stephen Lucius Gwynn

Writat

Diese Ausgabe erschien im Jahr 2024

ISBN: 9789359942773

Herausgegeben von
Writat
E-Mail: info@writat.com

Inhalt

ICH

Der beste Weg, um heute nach Munster zu gelangen, ist zweifellos die neue Strecke von Fishguard nach Rosslare, auf der die Great Western Railway den in alten Zeiten natürlichen und einfachen Weg von England nach Irland wieder eröffnet hat. Wie jeder weiß, kamen die Normannen hier herüber, eine Vorhut landete an der Küste von Wexford; aber die Hauptmacht unter Strongbow segelte direkt den Fluss hinauf nach Waterford. Viele andere Invasoren vor den Normannen nahmen dieselbe Route: und es besteht wenig Zweifel daran, dass die friedliche Invasion des Christentums in dieser Region begonnen hatte oder dass Südostirland bereits getauft war, bevor Patrick zu seiner Mission aufbrach. Früher wiederum kamen (der modernen Theorie zufolge) die Milesier aus Britannien, ein Volk von Kriegern, die darauf trainiert waren, nach römischer Art zu Fuß mit Schwert und Speer zu kämpfen, und trieben die Wagenkämpfer vor sich her, die damals die weite Ebene besetzten, die von den drei großen Flüssen bewässert wurde, die im Hafen von Waterford zusammenfließen.

Für einen guten Segler ist zweifellos die lange Überfahrt nach Cork, die mit einer Fahrt hinauf zum wunderschönen Hafen und den „angenehmen Gewässern des Flusses Lee" endet, allen anderen Routen vorzuziehen. Aber die Masse der Menschheit und insbesondere der Frau mag den Kurzstreckenseeverkehr und die Schnellbahn, und ihre Wahl liegt zwischen Fishguard und Rosslare. Sie betreten die südliche Provinz Irland über ein Viadukt, das von den flachen Gebieten von Wexford, durch die Sie fast eine Stunde gereist sind, zum steilen linken Ufer des Flusses Suir mit Blick auf die Stadt Waterford führt. Die große Brücke überquert die vereinigten Barrow und Nore; Eine halbe Meile weiter unten befindet sich die Kreuzung mit dem Suir, und vom Zug aus hat man einen herrlichen Blick auf das weite Becken, das an der Mündung entstanden ist – ein edler Eingang in diese Provinz mit ihren herrlichen Gewässern.

Auch der Weg am Fluss entlang ist wunderschön. Die Bürger von Waterford haben sich am Südufer prächtige Villen und Herrenhäuser gebaut, und eine Meile unterhalb der Stadt auf einer Insel sieht man ein Schloss der Fitz-Geralds – erst kürzlich wiederaufgebaut, aber mit den Mauern eines alten Festungsortes, der immer Wohnstätte dieses starken normannisch-irischen Clans war. Aus diesem Haus stammte auch ein in späteren Zeiten bekannter Mann, Edward Fitz-Gerald, der Übersetzer von *Omar Khayyam* . Sein Porträt von Laurence hängt dort und zeigt ihn als pummeligen, gut gelaunten Jungen.

Die Stadt selbst zeigt Ihnen vielleicht nur eine Reihe von Lichtern, die sich entlang des langen Kais sehr malerisch ausbreiten. Bei Tageslicht können Sie jedoch das niedrige, runde Schloss erkennen, das noch immer den Namen Strongbows Turm trägt. Fragmente der alten Mauern sind erhalten geblieben, und es gibt Gebäude von großem altertümlichem Interesse – die restaurierte Kathedrale, die Ruine der Franziskaner-Abtei. Aber insgesamt werden Sie wahrscheinlich nicht in Waterford Halt machen, da Kerry und West Cork vor Ihnen liegen.

Doch lassen Sie mich ein wenig von den Dingen erzählen, an denen der gewöhnliche Tourist, der Munster besucht, in seiner Eile vorbeigeht. Die Route von Rosslare nach Killarney führt vom Tal des Suir in das Tal des Blackwater und umrundet die Comeragh-Berge. Und ich nehme an, dass es nicht bestritten werden kann, dass der Blackwater der schönste der irischen Flüsse ist. Ich habe ihn in Mallow, in Fermoy, in Lismore und in Cappoquin gesehen, und überall ist er gleich und doch anders; eine Kette langer, breiter Teiche, aber immer mit einer schnellen Strömung, um das Wasser lebendig und glitzernd zu halten, und sie sind durch große, geschwungene Stromschnellen aneinandergereiht, die tief genug sind, damit Lachse darin liegen können, die Freude der Angler. Während sich an jedem Ufer üppig bewaldete Hügelhänge vom Fluss und den Wiesen neben dem Fluss zurückziehen. Die Palme der Schönheit gehört zu Recht Lismore, wo der Herzog von Devonshire sein großes Schloss über einem berühmten Teich stehen hat. Und darunter blickt man von der Brücke aus den Fluss und das Tal hinunter auf eine ferne blaue Aussicht zwischen den Hügeln. Dort, wo der Fluss bei Youghal auf das Meer trifft, liegt eine der malerischsten und bezauberndsten Städte Irlands. Ich sah sie zuerst im Licht einer langen Prozession hoher Fackeln, die die alten Häuser mit ihren geschwungenen Holzfassaden und die hübschen Gesichter der Mädchen und Frauen, die aus den Fenstern im ersten Stock schauten, herrlich erleuchteten. Aber es war keine kleine Überraschung für mich, mich auf diesem Marsch unter einem Torbogen wiederzufinden, über dem sich ein hoher, mit Schießscharten ausgestatteter, schiefergedeckter Turm erhob, und von dessen Spitze (wenn ich es nur gewusst hätte) Vorkehrungen getroffen worden waren, mich und meine Freunde in dieser Nacht zu bombardieren. Bei Tageslicht sah ich, wenn auch nur mit einem flüchtigen Blick, die sehr schöne Kirche aus dem 15. Jahrhundert, die (wie durch ein Wunder) noch intakt war und immer noch für Gottesdienste genutzt wird. Die noch größere Attraktion von Sir Walter Raleighs altem Haus habe ich nie besucht, aber ich hoffe, Sie können es tun. Es hat einen Maulbeerbaum, von dem gesagt wird, er habe ihn gepflanzt, und einen Kaminsims, an den er mit ziemlicher Sicherheit seine Schultern lehnte, während er gerade seine gereisten Waden anstachelte.

DAS SCHWARZWASSER IN DROMANA

Wenn Sie mit dieser Bahnlinie reisen, haben Sie auf Ihrer rechten Seite die Berge Comeragh und Knockmealdown, die das Tal des Blackwater vom Tal des Suir trennen. Aber vielleicht wird es Ihnen Freude bereiten, und sicherlich wird es auch Ihr Gewinn sein, auch das Suir-Tal zu erkunden, das die Comeraghs von der Außenmasse von Slievenamon trennt und sich weiter westlich vom Fuß der hohen Galtee-Bergketten nach Norden biegt.

Als letztes kam ich mit dem Auto nach Munster und fuhr von Kilkenny nach Clonmel über die Südseite des Slievenamon (Sliabh na m-Ban, die Hexenberge), und eine schönere Reise hätte ich nicht unternehmen können. Wir machten uns auf den Weg durch üppiges Weideland und Ackerbau und behielten diese schattige Kuppel, die sich aus der Ebene erhob, als unser Ziel, bis sich der Pass zu definieren begann. Aber erst als wir den Pass überquert hatten oder gerade überquerten, begann die wahre Schönheit. Slievenamon lag zu unserer Rechten, gut bewaldet; Als wir nach Süden liefen, standen uns gegenüber die Comeraghs und ein niedriger Fußrücken, der von ihnen ausging, zwischen dem und uns der Suir verlief. Das Tal ist breiter als das des Blackwater und weist weniger üppige Wälder auf; aber es kann durchaus mithalten; und der Kai von Clonmel am leuchtenden, wirbelnden Fluss ist so hübsch, wie das Herz es sich nur wünschen kann.

Von Clonmel nach Lismore führt Sie eine Straße über den Gipfel von Knockmealdown (das heißt Maeldunes Hill), und diejenigen meiner Begleiter, die diese Fahrt unternommen haben, jubelten mir für den Rest der Reise zu. Ich beschrieb in leuchtenden Worten all die Herrlichkeiten, die ich verpasst hatte, das wundervolle Panorama von oben und dann den allmählichen Abstieg durch ein langes, wildes, bewaldetes Tal in die ruhige und kultivierte Schönheit von Lismore.

Doch wenn ich in Clonmel ein Auto hätte und nur einen Tagesausflug unternehmen könnte, würde ich dorthin fahren, wo es nicht im Süden liegt. Ich ging nach Norden ins Herz von Tipperary, durch das Golden Vale, das von der Galtee-Bergkette überschattet und halb umschlossen wird, bis ich zu dem sehenswertesten Ort ganz Irlands kam: Cashel of the Kings.

Nichts ist, ich wiederhole, sehenswerter, nichts wird vom Touristen seltener gesehen; denn es liegt abseits der Strecke. Der Rock of Cashel ist ein einsamer, steiler Hügel mit scharfen Abhängen, der sich aus der Ebene erhebt, die sich von Slievenamon bis Slieve Phelim erstreckt und tatsächlich das fruchtbare Land umfasst, das vom Suir entwässert wird. Ein solcher Ort wurde unweigerlich als Festung genutzt, und von Anfang an konzentrierte sich die Herrschaft der Milesier hier. Für Cashel war St. Patrick gekommen, um den König von Münster zu bekehren, denn Cashel war für die südliche Hälfte Irlands das, was Tara für die nördliche Hälfte war. Es war das Herz von Münster, von dem aus die Fürstentümer ausstrahlten. Thomond, North Munster, verlief von dort nach Westen nach Clare, über den Shannon; *Ormond* , *Oir Mumhan* , East Munster, lag abseits davon in Richtung Kilkenny und Eastern Tipperary; Desmond, *Deas Mumhan* , das große Königreich Südmunster, bestehend aus Cork und Kerry, kam an seine Mauern, denn theoretisch wechselte die Hochkönigschaft Südirlands zwischen Thomond und Desmond. Und weiter südöstlich, durch die Lücke zwischen Slievenamon und den Comeragh Mountains, können Sie Waterford sehen, das auf Irisch Deisi genannt wurde und als eigenständige Herrschaft zu Desmond fiel.

Dieser Felsen ist von Gebäuden gekrönt, die von Krieg und Frieden sprechen, aber eher von Frieden als von Krieg. Dort steht Cormacs Kapelle, das schönste Beispiel irischer Baukunst im vornormannischen Stil; rundgewölbt, solide, tonnengedeckt, verziert mit Gesimsen aus gezahnten Zierleisten. Daneben steht die große Kathedrale, die von Lord O'Brien von Thomond erbaut wurde, Kathedrale und Festung in einem; jetzt ohne Dach, abgebaut und ruinös, aber kaum irreparabel, da der Chor bis in die zweite Hälfte des 18. Jahrhunderts als Kathedrale genutzt wurde. Dann erwirkte ein Erzbischof ein Gesetz des Parlaments, das ihn ermächtigte, das Dach zu öffnen und ein Regiment Soldaten zur Durchführung der Arbeiten bereitzustellen. Erzbischof Price' Begründung für ein solches Unterfangen mag nicht ganz schlüssig erscheinen; er – ein guter, gelassener Mann – fuhr gern in bequemer Haltung zu seiner Kathedrale, und keine Kutsche und keine Pferde konnten den gewundenen Pfad den Felsen hinauf bequem hinauffahren.

Neben der Kathedrale steht der hohe Rundturm und auf der Nordseite des Felsens viele Überreste von Chorschulen und anderen Klostergebäuden. Auf der Ebene und in der Stadt liegen weitere Klöster, die zwar zerstört sind, aber dennoch nicht ganz ihrer Pracht beraubt sind. Nur wenige Meilen entfernt zeugen Holycross Abbey und Athassel vom Reichtum und der Kultur, die in diesem reichen Land des Golden Vale zerstört wurden.

Aber der Felsen selbst, der dort oben steht, gekrönt von einer solchen Ansammlung von Gebäuden, wie sie keine andere Anhöhe Irlands zu bieten hat, ist das wahre Ziel einer Pilgerfahrt; und der Blick von dort über das Golden Vale zu den edlen Galtee-Gipfeln und -Zinnen genau südlich von Ihnen und der langen, wogenden Linie der Comeragh-Berge, die sich von ihnen aus östlich entlang des Tals des Suir erstreckt, ist ein Anblick, der eine lange Reise wert ist. Und das ist noch nicht alles. Slievenamon erhebt sich kuppelförmig aus der östlichen Ebene, eine Lücke zwischen ihm und den äußeren Ausläufern von Comeragh zeigt, wo der Suir, der bei Galteemore von seinem südlichen Lauf abgelenkt wird, seinen Weg nach Osten zum Meer findet: und im Norden jenseits der Ebene liegt die ferne Bergkette von Slievebloom, die Leinster vom Shannon trennt; und näher in Richtung Athlone und Shannon liegen die niedrigen Hügel, aus deren Spitze der Devil's Bit herausragt.

II

Wenn ich Munster mit dem Auto besichtigen müsste, würde ich in Waterford starten, dem Tal des Suir bis nach Clonmel folgen und dann nach Norden nach Cashel fahren und es mir ansehen. Alle Monumente kann man in ein paar Stunden besichtigen, und keine Ruine oder kein Gebäude, das ich je besucht habe, wird so intelligent bewacht. Von Cashel würde ich nach Holycross fahren, diesem erlesenen Überrest klösterlicher Pracht, reich an historischen Erinnerungen, und von dort über Tipperary nach Nordwesten vordringen, auf die Lücke zwischen Keeper Mountain und den Silberminen zusteuernd. Damit käme ich aus dem Golden Vale heraus, das in Wirklichkeit das Tal des Suir ist, und in das Becken eines noch größeren und berühmteren Flusses, an seine berühmteste Stelle. Denn von dieser Lücke würde die Route zum Shannon hinabsteigen, in die enge Schlucht unterhalb des Lough Derg, wo sich seine gesamte Wassermenge zur Furt und zum Pass bei Killaloe zusammenzieht. Hier liegt, wenn man so will, Schönheit: lange, friedliche Ebenen oberhalb des Wehrs, wo der See unmerklich in einen breiten Fluss übergeht; darunter gewaltige, wirbelnde Stromschnellen, durchsetzt mit breiten, glatten, aber schnell fließenden Lachsbecken, die gesamten zwölf Meilen des Flusses hinunter bis zur Spitze des Gezeitenkanals in Limerick. Und auch hier gibt es glorreichere historische Erinnerungen, als sie anderswo in Irland zu finden sind. Es war hier am Ausfluss des Sees, wo sich eine unerwartete Furt befindet, die Sarsfield (angeführt vom Rapparee Galloping Hogan) bei seinem Raubzug überquerte, als er sich aus Limerick entlang des Ufers von Clare und so zu dieser Furt stahl, um an den Hängen des Keeper auf Williams erwarteten Panzerzug aufzulauern. Auf Ihrem Weg von Cashel werden Sie in der Nähe von Ballyneety vorbeigekommen sein, wo er und seine Kavalleristen den schlafenden Konvoi überraschten und die schweren Geschütze in Stücke rissen – ein großartiger Beutezug, der Limericks heroischen und erfolgreichen Widerstand gegen den großen Holländer prächtig einläutete.

Aber hier in Killaloe und besonders an dieser Furt darüber, wo große Erdwälle die alte Festung von *Beul Boroimhe markieren* , sind Erinnerungen wertvoller als selbst der Name Sarsfield. Hier baute Brian Boru, Brian vom Tribut, im zehnten Jahrhundert mit seinen Dalcassianern von Clare die Macht auf, die lernte, den Dänen zu widerstehen, deren Plünderungszüge die Zivilisation in Nordeuropa völlig auszulöschen drohten. Die erste Niederlage, die ihnen zugefügt wurde, ereignete sich bei Sollohed im Golden Vale, in der Nähe von Limerick Junction, wo die Streitkräfte von Thomond von Brians Bruder, König Mahon, angeführt wurden. Aber es war Brian, der sich als Jugendlicher weigerte, sich Mahon anzuschließen und sich den Eindringlingen (durch irgendeinen Pakt, wie verschleiert auch immer) zu unterwerfen: Es war Brian, der sie in einem verzweifelten Guerillakrieg durch die Hügel von Clare und entlang der Ufer bekämpft hatte Shannon, bis er auf fünfzehn Mann reduziert wurde und Mahon ihn im Ratssaal fragte: „Wo hast du deine Anhänger gelassen?“ Und Brian antwortete, wie das irische Gedicht sagt:

„Ich habe sie bei den Fremden gelassen,
nachdem sie abgeholzt worden waren, o Mahon!
In Not folgten sie mir auf allen Feldern,
nicht wie dein Volk.“

Es war Brian, der in diesem Rat die Berufung an den Clan Dalcais veranlasste, ob sie Frieden oder Krieg haben würden, und „Krieg“, antworteten sie, „und dies war die Stimme von Hunderten wie die Stimme eines Mannes.“

Die in Kincora begonnenen Arbeiten wurden sechzig Jahre später außerhalb von Dublin abgeschlossen, als die dänische Bedrohung schließlich von Clontarf gebrochen und an der Küste vertrieben wurde: und in diesem Kampf ausgerechnet der alte Herr von Kincora, Brian of the Tribute, bis dahin Hochkönig Irland fiel glorreich in der Stunde eines fast zu teuer errungenen Sieges.

In Killaloe können Sie die kleine alte Kirche besichtigen, die irgendwann im achten oder neunten Jahrhundert erbaut wurde und deren steiles Dach aus Steinplatten Brian vor mehr als zehn Jahrhunderten zum Gottesdienst einlud. Daneben steht die von seinen Nachkommen erbaute Kathedrale, die mit edlen Torbögen im reichen romanischen Stil der einheimischen irischen Architektur geschmückt ist.

Es ist wahrscheinlich – meiner Meinung nach sogar sicher –, dass Brians Rath und starker Wohnsitz dort war, wo sich noch heute der Marktplatz von Killaloe befindet, auf der Anhöhe, zu der die Straßen vom Fluss und den Kirchen ansteigen. Die Festung an der Furt wird auf Irisch *Beul Boroimhe genannt* , das heißt „Mündung des Tributs“: und man kann leicht erkennen, wie sie zu ihrem Namen kam, denn hier befand sich die strategische Position, die den gesamten Verkehr aus den langen schiffbaren Gebieten beherrschte des oberen Shannon und seiner Seen bis zum Priel bei Limerick. Hier musste Portage erfolgen, hier konnte Zoll erhoben werden; und nicht nur auf den Flussverkehr, sondern auch auf das ganze Vieh, das über diese einzige wirklich befahrbare Furt von Clare nach Tipperary kam.

BLARNEY SCHLOSS

Von Killaloe nach Limerick ist die Straße angenehm, sie führt durch das immer breiter werdende Tal, das im Norden durch Keeper blockiert ist, sich aber in Richtung West Clare und zum Meer hin öffnet und weitet. Um die Schönheit und den Charme dieses charakteristischen Teils der irischen Landschaft zu verstehen, sollten Sie sich in einem für diese Gewässer typischen Boot, dem langen, mit Stangen angetriebenen Cot, den Fluss hinunterfahren lassen. Mit diesen Booten die Stromschnellen hinunterzufahren ist ein wunderbares Gefühl, und selbst an einem kalten Februartag wärmt das Tosen des peitschenden Wassers Ihr Blut. Sie können also dem Fluss folgen, bis Sie schließlich unterhalb der Athlunkard-Brücke das lange Lax Weir erreichen, das in seinem Namen die Erinnerung an skandinavische Siedler bewahrt (*lax* ist das nordische Wort für Lachs, heute wie damals) und die Erinnerung an frühe normannische Siedlungen in dem seltsamen kleinen Turm, der in der Mitte des Wehrs errichtet wurde, um die Passage zu überwachen, noch zu König Johns Zeiten.

In Limerick selbst blickt King John's Castle mit seinen großen runden Türmen stirnrunzelnd über die Brücke des gebrochenen Vertrags, wo Sarsfield und seine Männer mit William einen Bund für den Schutz des Eigentums und der Religionsfreiheit der irischen Katholiken schlossen und sich dann zunächst nach Frankreich begaben die Wildgänse, Gründer der irischen Brigade – und hinterließen keine Wächter außer Ehre und Gerechtigkeit, um die Sanktion des Vertrags durchzusetzen, Wächter, die nutzlos waren. Über die Belagerung von Derry und das Lob seiner heldenhaften Verteidiger ist viel geschrieben worden. Über den Widerstand Limericks ist jedoch zu wenig bekannt, als der französische Offizier, dem

Jakob II. das Kommando überlassen hatte, erklärte, dass die Mauern mit Bratäpfeln eingerissen werden könnten , und Sarsfield antwortete, dass sie verteidigt werden sollten und müssen. Sie können die Spuren von Williams Kanonenkugeln an der alten Mauer in der Nähe des Klosterkrankenhauses östlich der Stadt sehen: hier und da einzelne Markierungen auf dem dunklen Kalkstein, aber an der Ecke der Mauer, wo die Schwarze Batterie stand und wo ein Durchbruch war wurde, gibt es immer noch deutliche Spuren des verzweifelten Angriffs, von dem Williams beste Truppen, nachdem sie eine Unterbringung geschafft hatten, schließlich schlagartig zurückgedrängt wurden.

Von Limerick aus führt Sie die West Clare Railway (deren Launen berühmter geworden sind, als ich jemals gedacht hätte, dass sie es verdienen würden) durch Ennis, vorbei an Bunratty Castle, Quin Abbey und vielen anderen berühmten Orten, bis zur Küste, wo Lahinch eine anbietet einer der beliebtesten Golfplätze in Irland. Es ist eine wilde, windgepeitschte Küste, eine wilde Brandung schlägt an den Strand, der Lahinch von Liscannor trennt, und nördlich davon liegen die großen Klippen von Moher. In der Nähe liegt Lisdoonvarna, ein von Iren, insbesondere dem irischen Klerus, sehr frequentierter Kurort. Aber der Lieblingsort aller Besucher dieses Teils von Münster ist Kilkee, ein kleiner Badeort oberhalb steiler Klippen, auf denen der Atlantik mit seiner ganzen Wucht schwingt. Es gibt keinen anderen mir bekannten Ort in Westirland, an dem man anständige Unterkünfte am Meer an einem Ort finden kann, der die ganze Kraft und Pracht des Meeres widerspiegelt. Und von der Küste von Clare aus – sogar aus dem Fenster eines Eisenbahnwaggons – sah ich eine der großartigsten Aussichten, die man je sehen konnte. Im Süden, etwa dreißig oder vierzig Meilen entfernt, erstreckte sich die Dingle-Halbinsel nach außen, mit der riesigen Masse von Brandon, die aus heiterem Himmel aufragte; aber im Nordwesten konnte ich die drei Inselhöhen von Aran und östlich davon sehr deutlich sehen die gesamte Gruppe der Connemara-Berge, hinter der wiederum, weit oben in Mayo, die Umrisse von Mweelrea und Croagh Patrick undeutlich, aber in ihren Umrissen erkennbar waren.

Der Tag war von erstaunlicher Klarheit, und doch hatte diese Klarheit, wie so oft in Westirland, nichts Hartes an sich: Das Blau des Atlantiks war tief und düster, die Bergformen, die sich in ihrer Schönheit einander anpassten, waren in eine Farbe gehüllt, die eine ganz eigene Magie und ein Geheimnis hatte. Das Sonnenlicht, das über diese salzhaltige Luft, über diese stechend riechenden Moorflächen strahlt, ist in seiner Offenbarung nie grob und eindeutig; in dem perlenartigen Schimmer seiner Helligkeit liegt ein Hauch von Romantik und Glamour.

Clare hat edle Traditionen: und niemand sollte es besuchen, ohne zum Schloss Carrigaholt an der Shannon-Mündung in der Nähe von Kilrush zu pilgern; denn dies war der Stammsitz jenes Zweigs der O'Briens, der den alten Namen auf allen betroffenen Gebieten Europas berühmt machte. Ihren Titel, die Viscounts Clare, erhielten sie von Karl II., aber nach den Williamitenkriegen wurden sie erworben; und seit Sarsfields Tod war es immer ein Lord Clare, der die irische Brigade befehligte – diese wunderbare Streitmacht, deren Hauptrekrutierungsgebiet hier im Südwesten Irlands lag. Zwei Lords Clare starben an der Spitze ihrer Männer, einer in Massaglia im Jahr 1693, als Prinz Eugen geschlagen wurde, und der zweite in Ramillies, wo die irische Brigade bei der allgemeinen Katastrophe nicht nur ihre eigenen Fahnen rettete, sondern auch zwei britische Standarten zurückbrachte nach Brügge. Der dritte und letzte Graf, der sich geweigert hatte, alle Besitzungen und Titel zurückzuerhalten, wenn er nur seiner Religion abschwören würde, führte den Unsterblichkeitsangriff in Fontenoy an, als Irlands verbannte Männer in einer verzweifelten Waffentat eine heftige Vergeltung für die Strafgesetze forderten, die sie hatten ließ ihnen die Wahl zwischen Exil und Sklaverei. Von allen Schriftstellern, die sich jemals mit dieser Periode der Geschichte befasst haben, hat keiner, ganz gleich welche Vorurteile sie hatten, jemals den Namen „Clares Brigade“ geschrieben, außer mit Ehre und Bewunderung; und kein nationalistischer Dichter hat ihr Lob so eloquent zum Ausdruck gebracht wie die Unionistin, Miss Emily Lawless, in zwei Schwestergedichten. Eines der beiden zeigt den Vorabend von Fontenoy im Lager der Verbannten und die wilde Bewegung in den Herzen der Menschen. „Der Wind ist heute Nacht wild, und er scheint von Clare wegzuwehen“ – weht mit einer Erinnerung und einer Vision von allem, was übrig geblieben ist, weht mit einem Versprechen von Dingen, auf die man lange gehofft hat, denn „Clares Brigade könnte behaupten.“ sein eigenes" überall dort, wo der Kampf tobt.

„Sendet uns, ihr westlichen Brisen, unseren vollen, unseren rechtmäßigen Anteil, für Glauben und Heimat und Land und die zerstörten Herde von Clare.“

FERRYBANK, WATERFORD

Und die zweite erzählt, wie am Tag nach der Schlacht seltsame Schiffe mit seltsamen körperlosen Matrosen an der Westküste gesichtet wurden, die wie heimkehrende Vögel schnell Kurs auf Corcabascinn nahmen, die westlichste Baronie von Clare.

„Männer von Corcabascinn, Männer von Clares Brigade,
Hört, steinige Hügel von Clare, hört unseren Angriff,
Seht uns zusammenkommen, singend vom Kampf,
Zurück nach Corcabascinn im Morgenlicht.“

Doch in Wahrheit kann es sein, dass nur Einheimische einen besonderen Reiz in diesem stürmischen Corcabascinn oder seinen wilden Winden und Gewässern finden; denn es hat weder Schönheit noch Anmut und besitzt eher Größe als Schönheit. Die Landkreise Munster, die jeden Menschen ansprechen, der Augen zum Sehen hat, sind Cork und Kerry – vor allem aber Kerry.

III

Die unangenehmen Unannehmlichkeiten einer Seereise halten die meisten Menschen davon ab, die Grafschaft Cork unter den besten Bedingungen zu besuchen. Der Zugang sollte mit dem Boot erfolgen: und sicherlich ist die Einfahrt in diese wundervolle Bucht, wo die großen Linienschiffe anlegen, um Post abzuholen, das edelste aller Tore nach Irland. Der gesamte umgebende Hügelring ist reich an Vegetation, vor allem aber im Osten bei Queenstown gibt es den erlesensten und vielfältigsten Wald. Dort wächst alles, und fast alles ist zum Wachsen geschaffen. Die kleine Stadt selbst ist malerisch, erklimmt den steilen Hang und wird von Pugins großer Kathedrale dominiert, die am Ausschiffungskai steht und ein Zentrum für die letzten Eindrücke und Gefühle dieser Menschen bildet – leider! Wie viele Tausende verlassen jährlich Irland?

Heute ist es nicht mehr so wie in den frühen Achtzigern, als hoffnungslose, gebrochene, halb verhungerte Bauern in einem grausigen Strom aus der Stadt strömten, bloße Trümmer auf der Flut: Damals wanderten 80.000 Menschen jährlich aus, heute ist es weniger als die Hälfte. Diejenigen, die heute auswandern, sind einigermaßen ausgerüstet, sie gehen zumeist zu Freunden in Städte, von denen sie so viel gehört haben, wo sie so viele Verwandte und Bekannte haben, dass die Reise kaum wie eine Reise ins Exil – kaum wie eine Reise in ein fremdes Land – erscheint. Doch auch heute hinterlässt jeder Zug, der Auswanderer bringt, durch den Westen, den Süden und die Midlands eine Spur bitteren Weinens; an Station um Station wurde es abgesetzt, während sich verschränkte Hände losrissen, letzte Umarmungen abgebrochen wurden, die Gesichter alter Männer zuckten, die Gesichter von Frauen von Schluchzen erschüttert wurden, und raste auf seiner Reise in Begleitung jenes schrecklichen, herzzerreißenden „Keene", des irischen Wehklagens, das man heutzutage häufiger an der Seite des Schiffes oder auf dem Bahnsteig als am Grab hört. „Och, die armen, weichen Iren", hörte ich dieses Jahr eine Frau sagen, die einen Bahnsteig in Cork verließ; offensichtlich auf dem Weg nach Hause in die Staaten, wo sie zweifellos viele Jahre mit dem hartgesichtigen, großspurigen Yankee gelebt hatte, der sie begleitete und der mit kaum verhohlener Verachtung auf die Tränen und Emotionen der „armen, weichen Iren" blickte; aber sie behielt wenigstens noch ihre schlichte Sprache und ihr gutes Herz.

Von Queenstown bis nach Cork verläuft eine der schönsten Wasserstraßen der Welt, kleine Städte an beiden Ufern unterhalb der steilen bewaldeten Ufer und hier und da einige alte Burgen. Cork selbst hat vielleicht keine besonders großen architektonischen Schönheiten zu bieten, aber die ganze Stadt, die sich zwischen ihren Hügeln erstreckt und durch die verschiedenen Bäche dieses herrlichen Flusses geteilt wird, macht sie zu einer ganz eigenen

Schönheit: Man sieht sie am besten von der gegenüberliegenden Anhöhe aus der berühmte Kirchturm, an dem „die Glocken von Shandon hängen, die auf dem angenehmen Wasser des Flusses Lee so großartig klingen".

„Angenehm" ist das Wort für Cork, die Grafschaft und ihre sanftmütigen, schnell sprechenden Menschen mit der seltsamen kleinen Wendung nach oben am Ende ihres Satzes. Man nannte es „das Athen Irlands", obwohl ich eher „Neapel" sagen würde: Auf jeden Fall hat Cork immer weit mehr als nur seinen Anteil an Gehirnen ausgesendet. In den Tagen von „Father Prout", der die „Glocken von Shandon" und andere unsterbliche Lieder schrieb, gab es in Cork einen regelmäßigen Kreis kluger Köpfe – zu den bekanntesten gehörte ein Dowden, Vater oder Großvater des berühmten Schriftstellers, der es schaffen wird -Tag einer der wichtigsten Lichter im Trinity College. Der verstorbene Propst Dr. Salmon, eine noch größere Koryphäe, kam ebenfalls aus der südlichen Grafschaft – ebenso wie ein halbes Dutzend weiterer Fellows, deren Namen allen in Irland gut genug bekannt sind; obwohl einige vielleicht eher Legenden und Chroniken als die Geschichte bereichert haben und als erinnerte Kuriositäten überdauern – schließlich nicht die am wenigsten liebenswerten Überbleibsel.

Die Südküste von Cork, von Youghal bis zum Kenmare River, ist für Segler Irlands Highlight. Endlos ist die Abfolge, von Cork selbst mit all seinen kleineren Buchten und Häfen, Carrigalo, Carrigaline und Ringabella, über den Hafen von Kinsale, die Buchten von Courtmacsherry und Clonakilty, Roscarbery, Glandore und westlich bis Baltimore und Roaring Water, vor dem Cape Clear liegt. Hinter Mizen Head, an der Westküste, liegen dann größere Buchten, Häfen nicht für Yachten, sondern für Marinen – Dunmanus, Bantry und der Kenmare River, dessen Nordufer zu Kerry gehört, der aber sicherlich eine Grenze im Paradies hat.

Ich schreibe über das, was ich am Kenmare River gesehen habe: Alle diese südlichen Hafenorte sind für mich nur Namen auf der Karte, abgesehen von der malerischen kleinen Bucht von Roscarbery und dem langen, gewundenen Bach von Baltimore – beide kenne ich nur, wie sie sich im Winter und vom Land aus zeigen. Von den Menschen in Roscarbery kann ich mir jedoch zumindest ein Bild machen, und zwar anhand der Skizzen der beiden Damen, die die vielfältigen *Erlebnisse eines irischen RM erzählen* – obwohl West Cork durch Kenntnisse über Connemara ergänzt werden muss, um die Szenen zu verstehen, die sie im Sinn haben. Und aus Baltimore, oder besser gesagt von einer Meile außerhalb, nehme ich das Bild einer Gemeinde mit, die sich nach der Messe in zwei rivalisierende politische Versammlungen aufspaltet, und diejenige, zu der ich sprach, bestand größtenteils aus Frauen, die den großen schwarzen Mantel mit der schwarzen Kapuze trugen, die dem Gesicht der Trägerin einen seltsamen Rahmen gab, was eines der wenigen und geschätzten Relikte der traditionellen Tracht ist. Aus verlässlicher Quelle wurde mir (als ich mich beklagte) gesagt, dass ich die Stimmen hätte, wenn ich die Frauen hätte, denn West Cork stehe in allen Angelegenheiten unter weiblicher Führung. Aber darüber kann ich nichts aussagen.

Baltimore ist einer der größten Fischereistandorte Irlands, und die Bevölkerung von Cape Clear kommt hierher, um die meisten Dinge des täglichen Bedarfs zu decken. An dieser Küste sind viele Boote bekannt, aber ein seltsamer Name ist an einem dieser Boote hängen geblieben: Die Fischer aus der Nähe von Dungarvan sind immer als „die Türken" bekannt. 1631 überfielen algerische Piraten die Stadt Baltimore, plünderten sie und verschleppten hundert ihrer Einwohner in die Sklaverei: und es war ein Fischer aus Dungarvan, der (unter Androhung des Todes) die Korsaren steuerte.

Die gesamte Küste bot hervorragende natürliche Bedingungen für den Schmuggel, die schon in früheren Zeiten nicht vernachlässigt wurden. Und noch heute, so sagte man mir, gibt es Orte, an denen man Zigarren und Weine von hervorragender Qualität zu überraschend günstigen Preisen bekommen kann.

Kinsale ist ein größerer Hafen, der in alten Zeiten als Rivale von Cork galt. Die Stadt mit ihren malerischen, mit Schieferplatten gedeckten Häusern, von denen jedes über das kleine Erkerfenster verfügt, das die Seefahrer des 18. Jahrhunderts offenbar besonders mochten, und ihrem sehr altmodischen Bowling Green zeugt von wohlhabenden Kaufleuten.

SHANDON STEEPLE, VOM FLUSS LEE AUS

Hier war der Schauplatz, auf dem Irland ein großes Spiel erlebte – den letzten und verlorenen Wurf im Krieg von O'Neill und O'Donnell gegen die Streitkräfte von Elizabeth. Endlich kam die versprochene Hilfe vom Kontinent; eine spanische Flotte unter Don Juan d'Aquila lief in den Hafen ein, eroberte und hielt die Stadt, die von den Engländern (und irischen Verbündeten) unter Mountjoy und Carew belagert wurde. O'Neill und O'Donnell marschierten von Norden her ein, zogen eine äußere Linie um die Belagerer, und am 21. Dezember begann die Schlacht. Tyrone hätte klugerweise gewartet, bis die Belagerung durch Unterbrechung der englischen Verbindungen aufgehoben werden konnte, und die Streitkräfte hätten auf dem Marsch angegriffen. Aber Red Hugh war immer schlecht im Warten und erzwang den Angriff. Die Kombination schlug fehl, die Spanier leisteten keine Hilfe, und Mountjoy trieb die Ulstermen zurück. D'Aquila kapitulierte im Guten und O'Donnell reiste in rasender Wut nach Spanien, um sich über seine Unfähigkeit zu beschweren und auf eine neue Expedition zu drängen. Aber Elizabeth hatte auch in Spanien ihre Agenten und einer von ihnen leistete ihr die Dienste, die man damals gerne leistete. O'Donnell trank in Simancas einen vergifteten Kelch und starb daran. Die Staatspapiere enthalten den Bericht des Giftmischers über seine eigene Heldentat und seine Forderung nach angemessener Bezahlung. Erst danach konnte Carew über *Pacata Hibernia schreiben* , ein Irland, wo er und seine Leute in Wahrheit eine Wildnis geschaffen hatten und es Frieden nannten. Sie selbst erzählen, dass man vom Rock of Cashel bis zur Dingle Bay weder die Stimme eines Menschen noch das Brüllen eines Viehs hören konnte.

Dieses Land von Desmond, die schönste aller Regionen Irlands, hat am meisten gelitten. Elisabeths Soldaten versuchten hier, die einheimische Rasse mit Schwert und Hunger völlig auszurotten, und hätten es beinahe geschafft. Und als sich die Menschen nach Jahrhunderten wieder vermehrt hatten und nach allgemeiner Aussage sogar in ihren Lumpen fröhlich waren, brach die Hungersnot von 1847 über sie herein, und in den schwärzesten Schrecken dieser Zeit erlangten Skibbereen und West Cork eine schreckliche Berühmtheit. Nirgendwo sonst trotzten solche Haufen ausgehungerter und von der Pest heimgesuchter Toten allen Bemühungen, sie auch nur zu begraben.

Der Schatten jener Tage ist noch nicht ganz verschwunden: aber der Fremde wird wenig davon sehen, wenn er der berühmten Route folgt, die das Lee-Tal hinauf nach Macroom (wo die Eisenbahn endet) führt, und so an Inchigeela und Ballingarry vorbei, an Gouganebarra vorbei bei Keimaneigh, durch die Berge nach Bantry und Glengariff. Und hier muss ich ein Geständnis machen. Ich habe diese berühmten Schönheiten nie gesehen. Ich bin dem Lee nur bis Inchigeela gefolgt, wo er sich in zwanzig Kanäle zwischen kleinen Inseln aufteilt, die mit Buscheichen, Birken und Haselnusssträuchern bedeckt sind, ein Stück Flusslandschaft, wie ich sie noch nie gesehen habe. Und ich bin die Straße von Macroom nach Killarney entlanggefahren, entlang des Sullane River nach Ballyvourney, das Zehntausende als „die Metropole des irischsprachigen Irlands“ kennen. Denn wie es der Zufall will, hat Cork von den wohlhabenderen Grafschaften als einzige die irische Sprache bewahrt und sie in einer Form gehalten, die durch moderne Vereinfachungen am wenigsten verändert wurde. Irisch ist noch heute die Sprache wohlhabender und gut ausgebildeter Männer und Frauen. Mein Gastgeber in Ballyvourney hatte seine Ausbildung in Paris erhalten, hatte den gesamten Deutsch-Französischen Krieg miterlebt und mehr von der Welt gesehen, als den meisten Menschen vergönnt ist; aber seit vielen Jahren ist er wieder hier, eine Art König unter seinem eigenen Volk und ein wahrer Schatzmeister der alten Gelehrsamkeit und Traditionen der Gälen. In Ballingeary, ein paar Meilen von ihm entfernt, wurde die erste jener „Sommerschulen“ gegründet, wo sich Männer und Frauen, Jungen und

Mädchen aller Art und aus allen Schichten und aus vielen Ecken der Welt zum gemeinsamen Studium der edlen Sprache zusammenfinden, die sorglose Generationen fast aussterben ließen. Diese Siedlung ist heute eine der Sehenswürdigkeiten an der Kutschenstraße, und Reisende, wenn nicht Touristen, finden sie wohl am interessantesten von allen.

Bantry ist einer der großen Marinestützpunkte und eines der großartigsten Rekrutierungsgebiete für die Marine. Ich habe es gesehen, wie es vom Meer aus gesehen werden sollte. Es ist auch mit der Erinnerung an einen dieser Misserfolge verbunden, die den Lauf der irischen Geschichte wie finstere Leuchtfeuer prägen: Denn hier wollte Hoche mit einer Flotte im Jahr 1796 landen, und hier kam tatsächlich die Hälfte seiner Flotte an, ohne dass es jemanden gab widersetze dich ihnen. Hoche befand sich damals auf dem Höhepunkt seiner Macht und seines Ruhms, ein Idealist der frühen republikanischen Bewegung, erfüllt von der wahren Leidenschaft für die Verbreitung der Freiheit, die Napoleon durch eine ganz andere Vorstellung ersetzen sollte. Aber Hoche und die Hälfte der Schiffe wurden durch den Sturm weit von ihrem Kurs abgebracht, und es war Grouchy, der Langsame, der Mann des Zögerns, der das Ziel erreichte und, nachdem er es erreicht hatte, nicht handelte. Die Geschichte hängt von ungeraden Chancen ab. Humberts Erfolge zwei Jahre später mit nur einer Handvoll Männern, als England eine Armee in Irland hatte, machten es unbestreitbar, dass Grouchy selbst mit dem, was er hatte, eine Bewegung hätte in Gang setzen können, die die englische Macht verdrängt hätte Irland, zumindest eine Zeit lang, und Wellington selbst hat erzählt, wie groß die unemanzipierten katholischen irischen Bauern waren, die die Macht Frankreichs bildeten, von den Konflikten auf der Halbinsel bis zum Höhepunkt von Waterloo Knochen und Rückgrat der britischen Linie.

Es kann durchaus sein, dass in der bestmöglichen Welt alles zum Besten war: dass es das Beste war, dass Irland, anstatt sich mit Hilfe des republikanischen Frankreichs zu befreien, einen großen Beitrag dazu leistete, Europa von der Bedrohung durch das kaiserliche Frankreich – und die Hand – zu befreien übergebe es der zärtlichen Gnade der Heiligen Allianz. Dennoch braucht es den Glauben des Voltaire-Philosophen, um zu glauben, dass für Irland alles schlimmer hätte sein können als die historische Entwicklung, die das Land eigentlich durchmachen musste.

Jenseits von Bantry liegt Glengarriff, von dem Thackeray schrieb, dass „eine solche Bucht, läge sie an der englischen Küste, ein Weltwunder wäre“. Ich habe sie nur vom Deck eines Dampfers aus gesehen, weit weg in einer Wolkendecke, aber jeder bestätigt Thackerays Aussage. Castletown Beare, weiter westlich am Nordufer der Bantry Bay, habe ich gesehen, und das Castle of Dunboy, wo O'Sullivan Beare, der Herr dieser Region, seinen Sitz hatte. Nach der Niederlage bei Kinsale flohen er und seine Leute geschlossen und marschierten unter schrecklichen Entbehrungen nach Norden, bis sie den Shannon überquerten und schließlich in Ulster Schutz fanden. Aber O'Sullivans kämpfende Männer blieben unter ihrem Kapitän MacGeoghegan im Castle zurück, der den Widerstand gegen Carews Artillerie bis zur Verzweiflung aufrechterhielt. Schließlich wurde er tödlich verwundet und erlag dem Versuch, das Magazin zu erreichen, um alle, Angreifer und Verteidiger, in die Luft zu jagen. Es wäre besser für die Garnison gewesen, wenn er Erfolg gehabt hätte, da Carew jeden einzelnen Mann hängen ließ. Die Ruine steht heute noch, zerbrochen und zerschlagen, in einem Steineichenhain auf einem wunderschönen Vorgebirge.

Dieses Castle of Dunboy gab Froudes berühmtem Roman *The Two Chiefs of Dunboy seinen Namen* – einem Roman, der auf historischen Tatsachen beruht und in der Erzählung vielleicht nicht bunter ist als in den Bänden desselben Autors über die Geschichte Irlands. Denn hier auf dieser Halbinsel zwischen Bantry Bay und dem Kenmare River, die das besondere Revier der O'Sullivans war, starben die Clantreue und der Clanname nicht aus. Hier wie anderswo wurden englische Siedler als Landesherren mit enormer Macht über die einheimischen Iren hereingebracht, deren Loyalität noch immer dem Vertreter ihrer alten Häuptlinge galt. Die O'Sullivans waren jetzt hauptsächlich Häuptlinge bei den umfangreichen Schmuggelgeschäften – und man sollte nicht vergessen, dass nach den von England erlassenen Gesetzen zur Ausschaltung des irischen Handels Schmuggelware fast die einzige Möglichkeit für den irischen Handel war. Wenn die Iren die Wolle ihrer Schafe, die Häute ihrer Rinder oder das von ihnen gesalzene Fleisch exportieren wollten, war all dieser Handel gesetzlich verboten. Solche Gesetze machen Schmuggel notwendig und wohltätig, und die O'Sullivans südlich des Kenmare River brachten ebenso wie die O'Connells an seinem Nordufer ihre Ladungen Wein, Tabak, Seide und Spitzen mit und schickten Schiffe voller Wolle zurück. Mit diesen Ladungen ging auch die andere Schmuggelware hinaus, die Versorgung der irischen Brigade mit Offizieren und Männern. Der englische Landbesitzer und Siedler war der Vertreter des englischen Rechts, und zwischen ihm und den O'Sullivans war ein Konflikt vorprogrammiert. 1754 erschoss Murtagh Oge O'Sullivan den damaligen Puxley. Das Recht wurde zu großen Anstrengungen veranlasst, und zwei Monate später wurde der O'Sullivan in seinem Haus im Dorf Eyeries umzingelt und nach verzweifeltem Widerstand durch Feuer aus seinem Haus vertrieben: Er versuchte, sich seinen Weg freizukämpfen, wurde aber auf der Flucht niedergeschossen. Das war ein großer Tag für das Gesetz, und sie schleppten O'Sullivans Leiche an einem Seil am Heck eines Königsschiffs nach Cork, wo sie ihm den Kopf abschlugen und ihn über das Stadttor spießten.

EINGANG ZUM HAFEN VON CORK

Das irische Gedächtnis bewahrt die Einzelheiten solcher Ereignisse lebhaft, und man kann in dieser Gegend Männer finden, die einem alles erzählen, als wäre es gestern passiert. Ich hörte alles, wenn auch aus zweiter Hand, auf einer Segelfahrt vom Kenmare River nach Bantry, eines Nachts, als das Meer ganz Feuer war und die Makrelenschwärme, die hierhin und dorthin sausten, Blitze wie ein Feuerrad machten, und Tümmler oder Delfine, die ihnen folgten, hinterließen lange Lichtspuren auf der Oberfläche mit plötzlichen Funken, wo immer die großen Fische auftauchten, um sich zu wälzen. Draußen auf dem Meer war das wiederkehrende Blitzen des Bull Light, nach dem Schiffe auf ihrem Weg von Amerika aus steuern; und obwohl kein Mond schien, konnte ich immer noch diesen riesigen Inselfelsen und seinen Nachbarn, die Cow, erkennen. The Calf, wo das Licht früher war, liegt tiefer und dicht bei Dursey Island – in diesem Jahr war viel von ihm die Rede, denn eine Gruppe von Polizisten, die übergesetzt hatten, um von den wenigen Inselbewohnern Pacht einzutreiben, wurden praktisch ausgesetzt, als das Boot, das sie gechartert hatten, sie verließ und alle anderen Boote plötzlich weggezaubert wurden.

Ich denke, vielleicht war diese Nacht am Kenmare River – unter einem sternenübersäten Himmel – schöner als selbst die Tage mit Sonnenschein; Aber nichts anderes in Irland ist meiner Meinung nach so perfekt wie dieser lange, schmale Meeresarm zwischen den beiden gebirgigen Halbinseln, und im Landesinneren hat man die volle Aussicht auf die höheren Berge, die die Seen von Killarney umgeben.

An der Küste von Kenmare auf der südlichen Halbinsel liegt Lord Lansdownes berühmter Sitz Derreen, eingebettet zwischen Flüssen und Seen und mit Bergen im Hintergrund. Derreen meint den kleinen Eichenhain, und wie Mr. Cooke in seinem Buch „ *Murray" gut bemerkt* , entging der einheimische Wald hier der „allgemeinen Zerstörung" der Waldbäume, um die Eisenöfen von Sir William Petty, dem Vorfahren der Familie Lansdowne, zu versorgen. Die meisten Wälder Irlands – und Munster war zu Elizabeths Herrschaft mit Holz bedeckt – wurden im ersten Jahrhundert der englischen Besatzung auf diese Weise rücksichtslos verschwendet, und zwar durch Begünstigte oder Käufer von beschlagnahmtem Land, deren einzige Idee die brutale Ausbeutung dessen war, was verfügbar war sofort eingelöst werden. Es sei jedoch gesagt, dass Pettys Nachfolger, die einen großen Teil des Desmond-Erbes betraten und den Desmond-Namen Fitzmaurice annahmen, einen hohen Platz unter diesem irischen Adel des letzteren Typs einnahmen. Sie waren keine Abwesenden, sondern Landbesitzer mit einem gewissen Gespür dafür, was ihren Ländereien zusteht, und mit einem Gefühl für das Land, aus dem sie ihre Einkünfte bezogen, was am besten durch ihre enge Freundschaft mit Maria Edgeworth und Thomas Moore bewiesen wird. Dennoch kannten Miss Edgeworth und Moore den großen Whig-Staatsmann und seine Besitztümer immer in Bowood in Wiltshire: Weder der Dichter noch der Romanautor drangen jemals zu Derreen vor.

Hätten sie das getan, hätten sie vielleicht mehr über den größten Iren ihrer Zeit erfahren als je zuvor – die größte Macht, die jemals aus dem rein keltischen Irland in der Neuzeit hervorgegangen ist: für Iveragh, die Halbinsel gegenüber Derreen , war der Geburtsort und die Heimat von Daniel O'Connell; es gab das Klima und die Umgebung, die ihn zu dem machten, was er war.

Ich werde nicht viel über Iveragh schreiben – denn kein Schreiben kann ihm gerecht werden –, das im Süden vom Kenmare River, im Norden von der Dingle Bay, im Westen vom Atlantik (mit den Skelligs darin) und im Osten von Magillicuddy's Reeks und den Seen von Killarney begrenzt wird; es ist daher in Schönheit, Majestät und Pracht eingebettet und bietet an jeder Wegbiegung Interessantes und Reizvolles. Aber ich werde ein wenig über Daniel O'Connell und sein Volk schreiben, denn es ist dumm, nach Kerry zu fahren und nichts über den größten Kerryman zu wissen, der je gelebt hat, nur – zuerst ein wenig praktische Geographie.

IV

Der Zug bringt Sie nach Kenmare, wo die Eisenbahngesellschaft ein wirklich komfortables Hotel hat, in dessen Garten Sie die charakteristische subtropische Vegetation sehen, die in diesem Klima gedeihen kann – Palmen, Yuccas, Neuseeländer Flachs mit seinen schwertförmigen Wedeln, Bambus und dergleichen, „alle stehen nackt im Freien“ wie die heidnischen Göttinnen in den Groves of Blarney. Von Kenmare aus verläuft die wunderschön angelegte Straße, die eine Freude für Mensch und Tier war, bis schwere Reisebusse sie zu zerstören begannen, entlang des Nordufers des Meeresarms und überquert ein paar Meilen weiter den Kerry Blackwater auf der malerischsten Brücke über den schönsten Bach, in den man jemals eine Fliege werfen könnte. Etwas weiter entfernt liegt Parknasilla, das große Hotel, das an einem Punkt gebaut wurde, an dem die Küste in eine Reihe bewaldeter Inselchen zerfällt, die durch Brücken und gewundene Wege verbunden sind – nun, nichts könnte schöner sein. Dann fahren Sie weiter durch Sneem und gelangen in offeneres, wilderes Land. Wenn Sie sich West Cove nähern, liegt Staigue Fort auf Ihrer rechten Seite, ein großes kreisförmiges Gebäude aus Trockenmauerwerk, das weiter entwickelt ist als die ähnlichen Gebäude in Aran, denn es hat Kammern in der Dicke der Mauer und Treppen, die zu Verteidigungsplattformen führen. Von diesem Denkmal aus prähistorischer Zeit, dessen Alter auf Tausende von Jahren geschätzt werden kann, blicken Sie nach links, wo ein weiteres Steingebäude im Bau ist – ein großes Krankenhaus, das den armen Leuten dieses Bezirks zugute kommen soll: die Spende einer Dame aus einer der Familien, die von der Beschlagnahmung profitierten und zu lange Abwesenheitsrenten bezogen. Der Erfolg des Plans lässt sich nicht vorhersagen: Aber die Schönheit ihres Wunsches, Wiedergutmachung zu leisten, ist nicht die geringste unter den Schönheiten des Kenmare River.

In West Cove hatte ich das Glück, bei dem Mann zu wohnen, der den Westen Irlands in seinem gegenwärtigen Leben und seiner vergangenen Geschichte vielleicht besser kennt als jede andere lebende Seele. Auf dem großen Grundstück, auf dem Autos vor seiner Tür halten, schießen große Pflanzen von Arum-Lilien in die Höhe und gedeihen, die im Frühling üppig blühen. Es heißt, in Valentia habe ein geübter Gärtner sie im Garten des Ritters von Kerry für zu üppig gehalten und die Wurzeln über die Klippen geworfen; aber einige verfingen sich an Felsvorsprüngen, befestigten sich dort und ließen weiße Lilien in Nischen der Felsen emporsteigen – so freundlich ist diese weiche Luft.

Zwei oder drei Meilen hinter West Cove liegt das Dorf Caherdaniel und darunter die Darrynane Bay, an deren Ufer ein kleines Hotel steht, recht einfach, aber freundlich; es liegt inmitten irischer Fischer, die sich an

Sommerabenden versammeln, um auf dem frischen Rasen zu tanzen, der den Sand bedeckt. Daneben liegt ein kleiner Wald, und in dem Wald liegt Darrynane, ein Wallfahrtsort, denn hier lebte O'Connell und hier leben seine Nachkommen. Der Fall der O'Connells war typisch. Von Cromwell aus den fruchtbaren Ländern von Limerick vertrieben, schlugen sie in den Bergen von Kerry und Clare Wurzeln. Der Erbauer von Darrynane – also der ursprünglichen Siedlung – war ein Daniel oder Donal, der eine Tochter der O'Donoghues heiratete – eines anderen großen Clans aus Kerry. Diese Dame – Máire Dubh – war eine fruchtbare Mutter von Kindern – sie gebar 22 von ihnen und brachte 12 von ihnen zur Welt; aber sie war auch als Dichterin der irischen Sprache bekannt. Ihr zweiter Sohn, Maurice, erbte Darrynane und war im ganzen Land als „Jagdmütze O'Connell" bekannt, da Biberhüte mit einer Steuer belegt wurden. Von diesem Tag an trug er nichts weiter als die Samtmütze, mit der er in den Bergen von Iveragh Hasen und Füchse jagte. Daniel O'Connell, sein Neffe, war ein großer Anhänger dieses Sports, und ich habe mit einem Mann gesprochen, der mit ihm gejagt hatte. Und noch im Herbst kann man auf diesen Hügeln die Weihen sehen und einen Namensvetter und Nachkommen von ihm, der sie anfeuert.

KENMARE BAY, AUS TEMPLENOE

Old Hunting Cap spielte als Familienoberhaupt eine große Rolle in der Jugend seines Neffen und sorgte, so scheint es, für die spätere Ausbildung seines Neffen. Die frühe Ausbildung war recht billig, denn er wuchs in den Bergen in der Hütte der Herde seines Vaters auf (dieses Band der Pflege verband das katholische Irland, sanft und einfach, mit einer seltsamen Vertrautheit) und erhielt seinen ersten Unterricht in einer der Heckenschulen, die trotz der Strafgesetze florierten. Es war nicht weniger typisch für das katholische Irland, dass er ins Ausland ging, um seine Ausbildung abzuschließen, oder dass er einen Verwandten hatte, der in den Dienst Frankreichs gestellt wurde. Der jüngere Bruder seines Vaters, Graf O'Connell, war der letzte Oberst der irischen Brigade: und als er 1790 zu einem Ort befragt wurde, wohin seine Neffen geschickt werden sollten, war er sehr ratlos, was er sagen sollte, so beunruhigt war die Lage auf dem ganzen Kontinent. Daniel und sein Bruder Maurice wurden zuerst zu den Jesuiten in St. Omer geschickt; Sie wurden dazu erzogen, die Revolution zu verabscheuen, die ihren Onkel aus dem Dienst Frankreichs vertrieb: und bald trieb die Flut der Unruhen sie von Douay, wohin sie gezogen waren. In Calais erfuhren sie die Nachricht von der Hinrichtung Ludwigs XVI.: Auf dem Schiff waren zwei Passagiere, die als willige Augenzeugen davon sprachen. Diese Männer waren irische Protestanten, die Brüder Sheares, die später wegen Verschwörung hingerichtet wurden. Es ist sehr bemerkenswert, dass, obwohl das protestantische Irland, insbesondere in Ulster, stark von den revolutionären und republikanischen Lehren beeinflusst war, diese im katholischen Teil der Nation nur wenig Widerhall fanden – und überhaupt keinen unter den Überlebenden des alten katholischen Landadels, wie den O'Connells. Doch als der junge O'Connell sich niederließ, um in London Anwalt zu studieren, trieben ihn harte Repressionsmaßnahmen und der gewalttätige Toryismus jener Zeit bald in die Revolte. Er hatte einen echten Hass auf Unterdrückung, auf unfaires Spiel: Später im Leben war dieser frommste aller Katholiken der mächtigste Verfechter der Gleichberechtigung der Juden.

Dies ist jedoch nicht der Ort, um über die Karriere oder die Triumphe des großen Redners zu sprechen. Für sein eigenes Volk in Kerry war er immer „der Ratgeber“, der wunderbare Anwalt, dessen Genie wie ein flammendes Schwert war, das für den verängstigten Gefangenen gezückt wurde. Kein anderer irischer Führer war dem einfachen Volk jemals so nahe; nicht umsonst trank er die Brust eines Bauern aus Kerry und lernte seine ersten Worte auf Irisch. Doch seltsamerweise und erbärmlicherweise war er so wenig ein „Nationalist“ in unserem modernen Sinne, dass er den zunehmenden Gebrauch der irischen Sprache begrüßte und förderte; jede Vielfalt der Sprachen schien ihm in seinem Kosmopolitismus des 18. Jahrhunderts zuwider. Aber kein Mann war jemals mehr in Irland verliebt oder einem Fleckchen Erde mehr ergeben als er seinem Darrynane. Über sich selbst schrieb er an Walter Savage Landor, er sei „in Hörweite der ewigen Welle geboren“ und seine „verträumte Kindheit war von den alten und längst verblassten Herrlichkeiten jenes Landes geprägt, das das Christentum bewahrte, als der Rest des heute zivilisierten Europas in die Dunkelheit gottloser Unwissenheit gehüllt war“.

„Vielleicht", fuhr er fort, „könnte ich Ihnen die ruhige und exquisite Schönheit dieser weiten Buchten und Bergvorsprünge zeigen, gemildert im blassen Mondlicht, das an diesem schönen Abend scheint, bis alles, was tagsüber großartig und schrecklich war, geworden ist." gelassen in der stillen Stille der klaren Nacht – vielleicht würden Sie bereitwillig zugeben, dass der Mann, der so oft als wilder Demagoge bezeichnet wurde, in Wahrheit ein sanfter Liebhaber der Natur ist, ein Liebhaber all ihrer Schönheiten, der „jedes Sanfte und jedes Triste" liebt „Szene" und die Schönheit sowie die Tristesse des Ozeans und der alpinen Szenen, von denen es umgeben ist, mit einem größeren Eifer zum Wohle des Menschen in seiner überwältigenden Bewunderung für die mächtigen Werke Gottes zu entfachen.

So dachte O'Connell über Kerry; Und wenn Sie von Caherdaniel weiter über den hohen Pass von Coomakista fahren, der Sie über eine Bergschulter hinausführt, von der Aussicht über den Kenmare River zu einer weiteren Aussicht ganz im Westen auf den Atlantik – dann werden Sie eine Ahnung von der Erhabenheit bekommen, die das bietet er fühlte sich.

Unter Ihnen befindet sich der kleine Hafen, von dem aus die O'Connells ihr Schmuggelschiff bedienten. und Sie können eine schmale Felsspalte erkennen, die an einem ruhigen Tag eine Abkürzung für Ruderboote darstellt. Einmal, so heißt es, lag eine Schmugglerschaluppe im Hafen und bemerkte plötzlich, dass eine Steuerbrigg von Süden her die Landzunge umrundete. Der Wind wehte in den Hafen. Es war unmöglich zu entkommen, und die Schaluppe lag regungslos und allem Anschein nach untätig da. Doch gerade als der Verfolger wendete und geradewegs in die Hafeneinfahrt lief, wurde ein Segel auf der Schaluppe gehisst, sie begann sich in Bewegung zu setzen, und schon nach einer Minute schrammten ihre Seiten durch den winzigen Durchgang, während Männer mit ausgefahrenen Kehrschiffen sie hier und da abwehrten versunkener Felsen; und eine weitere Minute später war sie wieder auf dem Weg und raste mit vollen Segeln mit einer guten halben Stunde Vorsprung vor, bevor das Steuerboot aus der engen Bucht herausfahren konnte, um sie zu verfolgen.

MACGILLICUDDY'S stinkt

Von Coomakista führt die Straße steil bergab nach Waterville, einem berühmten Ort für Angler, wo an der Mündung des Lough Currane eine neue Stadt entstanden ist, denn hier befindet sich heute die Hauptstation der transatlantischen Kabel. Das erste dieser Kabel wurde von Valentia Island aus verlegt, etwa zehn Meilen weiter nördlich gegenüber der Stadt Cahirciveen, die Ihr Ziel sein wird, wenn Sie mit der Bahn entlang der Küste der Dingle Bay zurückkehren möchten. Aber ich empfehle allen, Autofahrern, Radfahrern oder Fußgängern (falls es in diesen degenerierten Tagen noch welche gibt), eine andere Möglichkeit, Iveragh zu erkunden. Wenn das Meer nicht Ihr Feind ist, lohnt es sich auch, in Waterville zu bleiben – wo sowohl das Meer als auch der See großartige Möglichkeiten für Angler bieten – und eine Expedition zu den Skellig Rocks zu unternehmen. Schönes Wetter ist erforderlich, denn es ist schwierig, an diesen erstaunlichen Orten zu landen, an denen hauptsächlich Tölpel leben: Sie sind starke Flieger und nisten nirgendwo zwischen dieser Spitze und dem Bass Rock in Schottland, doch man kann sie sogar in der Brutzeit zu Dutzenden überall entlang der Westküste sehen. Auf den Skelligs gibt es alte Steintreppen von enormer Höhe, das Werk alter Einsiedlermönche, die sich hier in bienenstockförmigen Steinzellen niederließen – noch intakt, sodass Sie sich über die Unannehmlichkeiten der Frömmigkeit wundern können. Und in den Spalten dieser Felsen brüten seltene Vögel – der Sturmvogel, der Schwarzschnabel-Sturmtaucher, zusammen mit Legionen von Papageientauchern, Lummen, Tordalken, Krähenscharben und anderen. Aber gehen Sie nicht einmal bei leichtem Ostwind dorthin, denn er bläst direkt auf den felsigen Landeplatz; und wenn er überhaupt aus Südwest weht, kann die Dünung sogar auf der geschützten Seite zu groß sein. Die Natur ist hier draußen im Atlantik ein großer, rauer Spielkamerad.

Auch landeinwärts vom Lough Currane ist es eine wilde Natur, der Sie auf der alten Bergstraße nach Killarney begegnen müssen, die Sie wahlweise befahren sollten.

Dieser Weg führt das Tal des Eany River hinauf (Sie können aber auch die Hauptstraße nehmen, die am Lough Currane entlangführt, und an der Owroe-Brücke nach Westen in dasselbe Tal abbiegen) bis zum Pass von *Bealach Oisin* (Ossian's Track) zwischen Coolee und Knocknagapple. Auf dem Gipfel muss man fast 300 Meter hoch sein, und der Blick zurück über die Ballinskelligs-Bucht mit dem Atlantik dahinter, zu dem das Auge durch einen langen, gewundenen Flusslauf zwischen steilen Berghängen geführt wird, ist eine herrliche Aussicht. Sobald man die Landenge überquert hat, verschwinden Meer, Fluss und Ackerland: Man sieht nichts außer Heide, Felsen und Bergen. Auf der rechten Seite befindet sich der hohe Bergrücken, der das Rückgrat von Iveragh bildet: Vor Ihnen füllen die Reeks den östlichen Himmel. Kein Haus ist zu sehen – und es gibt nur sehr wenige Orte in Irland (so dicht verstreut leben die Menschen über das ärmste Land), von denen aus man keine menschliche Besiedlung erkennen kann.

Ein paar Meilen weiter unten gelangen Sie in das Tal des Caragh River, der aus Loughs Reagh und Cloon entspringt und nach etwa zehn Meilen in den langen und tiefen Caragh Lake mündet, von wo aus er in einem weiteren kurzen Fluss zum Meer führt. Dies ist das Tal, das westlich der Reeks liegt, und ich für meinen Teil halte diesen Aspekt für schöner als alles, was Sie in Killarney sehen werden. An der Mündung des Caragh Lake an der Eisenbahnlinie gibt es ein großes, neues Hotel, das mittlerweile sehr gut besucht ist; aber meine ganze Zeit zwischen diesen Hügeln und Gewässern habe ich einem kleinen, altmodischen Anglergasthaus gewidmet, dem Glencar Hotel, am Ufer des Flusses zwischen der Bealalaw-Brücke und den Lickeen-Stromschnellen. Hier können Sie gegen eine geringe Gebühr in einem der besten Gewässer Irlands Lachs angeln: An dem Abend, als ich diesen Sommer dort ankam, sprangen sie überall im wunderschönen Long Range-Becken herum, wo der kleine Caragh in den Hauptstrom mündet; Roter, hässlicher Fisch, das muss man besitzen, denn das war im September und sie lagen seit Juni dort, ohne dass ein Frischling sie bewegt hätte – aber es gab immer noch Lachse und zwar in Hülle und Fülle . Oder Sie können kostenlos am Lough Acoose am Quellgebiet von Caraghbeg angeln, unterhalb der Flanke von Carrantuohil, mit einer besseren Aussicht auf einen vollen Korb als irgendwo sonst, was ich kenne. Die Forellen sind nirgends in Kerry groß, aber in Acoose erreichen sie eine gute Heringsgröße, und der Mann, der sie an dem Tag, als ich in Glencar war, angelte, bekam etwas über zwei Dutzend – eine gewöhnliche Tüte. Mein Begleiter und ich waren weiter weg, zu den Quellgebieten von Caragh selbst, direkt hinauf in den großen Gebirgsring, durch den der Pass von Bealachbeama auf die Kenmare-Seite führt. Über unseren Fischfang, der dadurch unterbrochen wurde, dass unser Boot, das wie ein Sieb leckte, schließlich unterging, während wir versuchten, es an Land zu bringen, braucht man wenig zu sagen – ein neues Boot, dem nur ein paar gute Anstriche fehlten. Doch der Zufall, der uns von Cloon vertrieb, während das Boot an Land gebracht und geleert wurde, schickte uns über eine Meile Moor hinauf, um vom Ufer aus im oberen See zu angeln; und was für ein See! Er lag direkt unter der steilen Seite eines fast steilen Berges, wo die Adler bis vor ein oder zwei Jahren bauten, und drei Teile seines Umfangs umschlossen ihn wie der Krater eines Vulkans.

Es war ein Tag mit trockenem Nord- bis Nordostwind und hartem Licht: Es fehlte im Großen und Ganzen der magische Zauber der Westluft, und doch weiß ich nicht, ob all meine Streifzüge nach Fischen in Irland aus reiner Erhabenheit jemals gedauert haben mir eine so schöne Szene.

DIE KÜCHE VON DUNLOE, KILLARNEY

Dieses kleine Hotel, primitiv ausgestattet, aber sehr freundlich, hat das ganze Jahr über seine Attraktionen zu bieten, denn im Februar beginnt der Lachsfang, und in den Wintermonaten kann man auf den großen Heideflächen und den breiten Streifen einheimischen Gehölzes, die den Fluss im Unterlauf umgeben, wilde Jagd auf Auerhähne, Hähne und Bekassinen machen. Vom Hotel bis zum See verläuft Ihr Weg zwischen diesem Buschwerk aus Eichen, Stechpalmen und Birken und einem schnellen, aber tiefen Gewässer, wo ein Teich auf den anderen folgt und jeder nur durch starke Stromschnellen vom nächsten getrennt ist. Sie haben dort kein Monopol: Der Fluss wird von beiden Ufern aus befischt und kann quer überquert werden, obwohl dazu ein guter Mann nötig ist; aber es ist praktisch freies Angeln und das beste freie Flussangeln, das ich in Irland kenne – absolut ein idealer Ort für den Urlauber, der nicht darauf besteht, in der Nähe des Meeres zu sein. Von hier aus können Sie alle schönsten Berge von Kerry erwandern, da es genau in der Mitte liegt: und westlich von Ihnen liegt Glenbeigh, ein weiteres Tal, in dem Sie inmitten einer Landschaft der gleichen Art anständige Unterkünfte finden. Der gleichen Art – aber ich kann nicht glauben, dass Sie irgendwo in Kerry oder außerhalb die Reise erreichen können, die mich von Glencar zu meiner nächsten Station im Caragh Lake Hotel führte. Es war zweifellos eine Landschaft im Landesinneren, aber der Atem und das Gefühl des Meeres liegen über dieser ganzen vom Meer umspülten Landzunge Iveragh, und dieses Flusstal schien nicht mehr als eine Allee durch die Hügel, die zum Tor des Ozeans führt. Wir gingen am Flussufer entlang, oft schulterhoch mit Farnen bedeckt, hielten oft an, um die Brombeerbüschel zu pflücken, und studierten die Teiche, hier zwischen Bäumen, dort mit offenem Grasland auf beiden Seiten und Moor, das sich dahinter erstreckte. Unterhalb der Stromschnellen nahmen wir ein Boot und ruderten eine Meile oder mehr durch ebenes Moorland, mit Gruppen von Waldtannen, die im Nachmittagslicht violette Stämme hatten und sich vom Flussufer erhoben. Zwischen ihren Stämmen oder in den offenen Lücken konnten wir die spitze Masse des Carrantuohil sehen, der sich im Südosten erhob. Auf seinen hohen Bergrücken war Licht, aber die Täler und Schluchten an seinen Seiten lagen im tiefen Schatten. Als wir uns dem See näherten, wurde das flache Land breiter, und von der anderen Seite kam der aromatische, scharfe Geruch des Gagelstrauchs herüber, deutlich wie der Duft eines Bohnenfelds, aber stark und belebend wie Salzlake. Dann paddelten wir anderthalb Stunden lang zwischen Berg zu Berg den See hinunter, schlängelten uns um ein Vorgebirge nach dem anderen, bis wir einen Seeabschnitt nach dem anderen in Sichtweite hatten. Als wir schließlich den breiten Nordabschnitt erreichten – denn unser Kurs verlief genau nach Norden –, war das gesamte Ufer in große und kleine Besitztümer aufgeteilt, jedes mit seinem eigenen Wald. Das Hotel liegt am weitesten von allen in Richtung der Mündung des Flusses im Nordwesten, und wer auch immer diesen Standort gewählt hat, verdient Anerkennung, denn jenseits des breiten, glänzenden Wassers erhebt sich der ganze Bergring – Carrantuohil weit im Südosten und all die anderen Höhen, die sich im Tal hinter Cloon Lake schließen, und Bealachbeama, die sich fächerartig über den Horizont ausbreiten, wenn man von der schönen Terrasse, auf der Palmen und Hortensien wachsen, hinausblickt. Es ist nicht so vollendet, nicht so exquisit wie Killarney; aber ich würde es eher für einen Urlaub wählen. Ich saß an diesem Sonntag eine Stunde lang auf der Terrasse und sah zu, wie das Sonnenlicht über Carrantuohil verblasste: alles war grün und oliv, als wir uns hinsetzten, denn es war ein kalter Abend und die Luft kam aus dem Norden;

aber Wolken lagen auf den Gipfeln, oder vielmehr verfingen die Gipfel zeitweise, während sie in Kränzen herüberzogen, so dass zu keiner Zeit der ganze Berg sichtbar war. Doch als die Sonne allmählich unterging, wurden diese Kränze von einem rosigen Schimmer berührt, und was darunter olivgrün gewesen war, nahm tiefe, leuchtende Kupfervioletttöne an, wobei das Violett intensiver wurde, je tiefer das Rosa auf dem Wolkenkranz wurde. Und immer höher fiel der Lichtstrahl, der jetzt nur noch die allerhöchsten Spitzen erreichte, bis er schließlich erlosch und alles wie in düsterer Stille vor uns lag und auf den Einbruch der Nacht wartete.

Nichts, was ich von Killarney mitnehme, verfolgt mich mit der gleichen Fülle an Schönheit, aber vielleicht nur, weil Killarney niemandes Entdeckung ist; es hat keinen heimlichen Liebhaber. Sie könnten genauso gut versuchen, Sarah Bernhardts Genie oder Tennysons Charme des Stils zu loben. Doch ich nehme an, jeder wird für sich selbst eine vorübergehende Vollkommenheit erkennen, eine besondere Facette dieser Schönheit – so wie ich mich tatsächlich an das wundervolle, schattige, klare Grün des Wassers erinnere, das dunkel das Ufer aus hohem Schilf reflektierte, das westlich des Anlegestegs wächst, zu dem wir nach dem Fischen ruderten: und ich erinnere mich auch an den einzigartigen Anblick des nackten Körpers eines Mannes, als er einige hundert Meter von uns entfernt stand, um ins Wasser zu springen, um zu baden; denn die tief stehende Sonne erfasste seine Gestalt, die sich gegen die lange Reihe dunkler Blätter hinter ihm abzeichnete, und machte sie sofort zum leuchtenden Mittelpunkt einer wunderschönen Landschaft.

Dies befand sich am unteren See, dem mit Abstand größten der drei Seen, die einen Halbmond bilden und von Süden nach Norden (wie das Wasser fließt) die Ostflanke des Reeks umrunden.

Bei meinem letzten Besuch war ich im Victoria Hotel, wo der See breit ist und sich zum Purple Mountain hin öffnet, einer herrlichen Landschaft: aber um das zu erreichen, was ich mir unter Killarney vorstelle, muss man zu der Meerenge zwischen der schönen Insel Inisfallen und dem Ostufer rudern und so Ross Bay und ein engeres Gewässer erreichen, das mit Inselfelsen übersät ist. Hier bestehen die Ufer aus jenem eigentümlichen Kalkstein, den das Plätschern des Wassers in zahllose, urige Spalten und Ritzen verwandelt, bis der Rand des Wassers aussieht, als wäre er ein Rahmen, den ein geduldiger Handwerker kunstvoll geschnitzt hat; und in all diesen Ritzen und Spalten wachsen Farne und andere wilde und schöne Kräuter in erlesener Fülle. Das ist es, was in meinen Augen den Charme von Killarney ausmacht, dieser Reichtum an komplizierten Details, der den Vordergrund für eine Berg- und Seenlandschaft bildet, die so kühn und wild ist, wie sie nur ein Hochland zeigen kann. Hinzu kommt die Anwesenheit von ungewohntem Laub, das hier einheimisch, überall sonst exotisch ist – insbesondere der Erdbeerbaum mit seinen dunklen, glänzenden Blättern und dem rötlichen Stamm, der schönste aller Sträucher; auch dunkle Eiben und Wacholder, vermischt mit einheimischem Eichen- und Birkenwuchs, und doch wurde zwischen all dem geschickt dieser und jener anmutige ausländische Baum, diese und jene leuchtende Beere angepflanzt. Es ist kein Wunder, dass ein solcher Ort zu einem der größten Touristenzentren der Welt geworden ist, vor allem wenn zu diesen Schönheiten die Vornehmheit und das Interesse schöner Ruinen hinzukommen – Ross Castle, wo die O'Donoghues Lords waren, bis Cromwells Truppen sie vertrieben; Inisfallen, wo die frommen Mönche von St. Finian jahrhundertelang unbeschwert ihre Abtei hatten. Und so wie es ist, ist Killarney wie kein anderer Ort in Irland auf Touristen vorbereitet: Alle Ausflüge sind durchdacht und geplant, und Ihr Hotelbesitzer wird alles arrangiert haben; auch die Bettlerplage ist nicht mehr das Ärgernis von früher – eine erfreuliche Reform. Die Bootsleute haben ihr Handwerk als Cicerone perfekt gelernt und erzählen Ihnen auf Wunsch nicht nur die üblichen Geschichten, Scherze und Legenden des Ortes, sondern haben auch das Feingefühl, ernsthafte Leute – wie Angler – zu unterscheiden, die diese Art der Unterhaltung wahrscheinlich nicht wollen.

MUCKROSS LAKE, KILLARNEY

Und doch ist es trotz alledem ein Ort für Touristen, und als solcher verdient er nur widerwillig meinen Tribut. Aber die Fahrt von Killarney nach Kenmare, die an Muckross und dem oberen See vorbeiführt und einen allmählich um die ganze Sichel herumführt, bis man ins Black Valley hinaufsteigt, wo der Gap of Dunloe einmündet – nun, diese Fahrt, muss ich sagen, hat meine Kälte ziemlich gebrochen: Ich war nicht weniger enthusiastisch als der berühmte schottische Lachsfischer, der mit von der

Partie war und das Ganze für gleichwertig mit den Trossachs erklärte – woraus ich schließe, dass Schottland zumindest nichts Schöneres vorzuweisen hat. Außerdem ist das Angeln auf den Seen kostenlos und gut; man hat eine Chance auf Lachs, und es gibt reichlich und ansehnliche Forellen. Das heißt, an einem guten Tag sollten sie im Durchschnitt fast ein halbes Pfund wiegen, und das bedeutet, dass ein Pfund schwerer Fisch keine große Seltenheit ist – wie er es in Glencar ganz sicher wäre. Außerdem gibt es in der Stadt Killarney den besten Fliegenbinder Irlands; Viele meiner Freunde in Donegal, die Kerry nie gesehen haben, könnten auf die Arbeit von Mr. Courtney schwören, der dieses filigrane Handwerk beherrscht, das an sich schon fast eine Kunst ist.

Aber das ist alles, was ich zu „Heaven's reflex, Killarney“ zu sagen habe.

V

Mein letzter Besuch in Kerry fand im Rahmen einer Untersuchungskommission zum Thema Fischerei statt, bei der wir mit Motoren an Orte abseits der üblichen Wege fuhren; und es kam zu einem Eisenbahnstreik, um unsere Untersuchung von West-Munster abzuschließen. Wir waren von Waterville entlang des Rückgrats der Halbinsel heraufgekommen und hatten Bealach Oisin überquert, so dass ich die Küstenstraße an der Dingle Bay nur noch aus der fernen Erinnerung an eine vierzig Meilen lange Fahrt in einem langen Auto kenne – die die … Die Eisenbahn hat viele Jahre lang abgelöst. Aber ich erinnerte mich ein wenig daran, als ich morgens vom Caragh Lake nach Killorglin hinauffuhr, wo wir unseren Hof hielten, am Ausfluss des Lowne, der die Seen von Killarney entwässert. Gegenüber von uns auf der anderen Seite der Bucht befand sich die andere Gebirgsregion von Corcaguiney, die Dingle-Halbinsel, die sich von Iveragh dadurch unterscheidet, dass Iveragh vom höchsten Punkt der Reeks durch eine allmähliche Absenkung von Gipfeln und Bergrücken nach Westen abfällt; wohingegen Corcaguiney kontinuierlich nach Westen und zum Meer hin ansteigt, bis es seinen Höhepunkt in Brandon Hill erreicht, der sich majestätisch über die äußerste Grenze des Landes erhebt. So erhebt sich Mweelrea an der Mündung des Killery, und ich stelle mir vor, dass man an einem klaren Tag von Brandons Gipfel aus Mweelrea sehen würde, und von Mweelrea wiederum könnte man den Gipfel des Errigal weit nördlich in Donegal erkennen. Auf jeden Fall kannte ich einen alten Herrn, der mir erzählte, dass er die gesamte Länge Irlands in einem Blickfeld gesehen habe und dass er entweder Mweelrea oder Croagh Patrick als sein Mittellandzentrum und Errigal oder Brandon (oder die Reeks) als seine beiden gewählt habe Extreme.

Diese Dingle-Halbinsel wird von nur sehr wenigen erkundet, von mir leider unerforscht! Von der Straße aus konnte ich die dunklen Umrisse von Cahirconree erkennen, einer wundervollen Steinfestung, die zweitausend Fuß über dem Abhang des Sliabh Mish-Gebirges erbaut wurde. Und weiter im Westen waren die Blasket-Inseln in Sicht, kaum zugänglicher als die Skelligs , aber bewohnt von einer Rasse irischsprachiger Fischer, unter denen sich neulich ein nordischer Student der keltischen Sprachen niederließ und überglücklich war, eine Steininschrift in Runenzeichen zu finden, die den Geist eines seiner eigenen skandinavischen Vorfahren enthielt, niedergeschrieben im Nordischen, das vor tausend Jahren gesprochen wurde und zehn Jahrhunderte darauf gewartet hatte, dass er es entzifferte.

Unter Brandon, im äußersten Westen der Halbinsel, liegt Smerwick Bay, wo während Elisabeths Herrschaft eine kleine Abteilung Spanier landete und sich niederließ; ihre Erdwerke bei Fort del Oro (so genannt, weil Frobisher dort mit einer Ladung Pyrit Schiffbruch erlitt, die er für Gold hielt) lassen sich leicht zurückverfolgen. Kingsley hat in *Westward Ho!* die Geschichte dieses Unternehmens, das mit dem massenhaften Abschlachten von Kämpfern endete, die sich freiwillig ergaben, nicht allzu gewissenhaft wiedergegeben – und dabei, sehr unwürdig, angedeutet, dass die brutale Tat durch ihre abschreckende Wirkung entschuldigt wurde. Wir haben nie gehört, dass sie die Landung in Kinsale wenige Jahre später verhinderte. Es besteht Grund zur Hoffnung, dass Raleigh zu Unrecht der tatsächlichen Begehung dieser schwarzen Tat beschuldigt wurde. Aber in Wahrheit ist das schwärzeste Kapitel der gesamten irischen Geschichte genau das, das sich mit den Desmond-Kriegen unter Elisabeth befasst, die mit der völligen Verwüstung dieser schönen Provinz endeten. Nicht weit von Tralee zeigt man Ihnen die Stelle, an der der letzte Earl of Desmond gefangen genommen wurde, und den rauen Hügel etwas entfernt davon, der sein Grab kennzeichnet. Und noch immer, wenn man das Stöhnen von Wind und Wellen über dieser Landschaft hört, nennen sie es Desmonds Keene.

Brickeen-Brücke, Unterer See, Killarney

Um all diesen Aufzeichnungen zivilisierter Barbarei zu entfliehen, kehrt der Geist gerne zu weit älteren und weitaus weniger barbarischen Tagen zurück. Brandon behält den Namen der malerischsten Figur in der langen Liste irischer Heiliger – St. Brendan, der Seefahrer, der etwa im Jahr 484 etwas westlich von Tralee in Barra nahe der Landzunge Fenit geboren wurde. Er wurde von einem Bischof namens Erc getauft, dessen Name noch heute in Termon Eirc, einem Townland, existiert Drei Meilen nördlich von Ardfert: und ein Brunnen in der Nähe von Ardfert, der den Namen des Heiligen Brendan bewahrt, ist immer noch ein Ort für Wallfahrten und Votivgaben, insbesondere am Tag des Heiligen. Unter Ercs Anleitung wuchs der Junge auf, obwohl er einen Teil seiner Schulbildung in Killeady erhielt, dem Kloster, in dem St. Ita ihr Ordenshaus in der Nähe von Newcastle West in der Grafschaft Limerick gegründet hatte. Später schickte Erc ihn auf eine Reise, damit er „das Leben einiger der heiligen Väter in Erin sehen“ könne; und er ging nach Norden nach Connacht, wo die Schule von St. Jarlath in Tuam bereits berühmt war (wie Erzbischof Healy, der heute auf dem Lehrstuhl von St. Jarlath sitzt, mit natürlichem Stolz in seinem Buch über die *alten Schulen und Gelehrten Irlands erzählt)* . die ich plündere, nicht zum ersten Mal). Er ging in Connacht noch weiter nach Norden und soll eine Siedlung von Kerrymen in den Ebenen in der Nähe von Castlebar gegründet haben; aber er kehrte nach Kerry zurück, um seine Priesteraufträge aus den Händen seines Lehrers Erc zu erhalten, der nun dem Tode nahe war.

"Wahrscheinlich war es zu dieser Zeit", sagt Erzbischof Healy, "als St. Brendan sein Oratorium auf dem Gipfel des Brandon Hill baute", und dort war er von dem Plan beseelt, über den Atlantik zu segeln, um ein gelobtes Land zu suchen - *Tir-nan-Og*, das Land der Jugend. Denn dort auf dem Gipfel des Brandon kann ein Mann - auch ohne die Vision des Glaubens - "über die Hälfte des Südens Irlands sehen, Berge und Täler, Seen und Flüsse, Ebenen und Städte, die sich weit nach Osten und Süden erstrecken. Aber der Blick richtet sich immer seewärts auf das großartige Panorama, das der letzte Ozean bietet." Brendan von seinem Wachturm aus

„Sah es in all seinen unterschiedlichen Stimmungen – vor allem aber am Abend, als die untergehende Sonne in ihre Höhlen unter dem Meer verschwand und die Lichtlinie entlang des leuchtenden Westens wie eine Straße zu den Glücksinseln schien, wo die Sorgen der Erde niemals zu finden sind.“ Treten Sie ein, und Frieden und Schönheit wohnen für immer. Es war eine düstere Tradition des verlorenen Paradieses des Menschen, das im Strom der Zeit dahinschwebte, denn mit seltsamer Einstimmigkeit sprachen die Dichter und Weisen sowohl Griechenlands als auch Roms davon, dass diese Inseln der Seligen irgendwo seien Die gleiche Idee hat die keltische Fantasie seit jeher stark im Griff und offenbart sich in vielen seltsamen Geschichten, die besonders bei der Bauernschaft an der Westküste äußerst beliebt waren Brasilien, ein verzaubertes Land voller Freude und Schönheit, wird von unseren westlichen Fischern alle sieben Jahre von Aran aus gesehen, wie Brendan es in alten Zeiten sah, wie eine Märchenstadt am Rande des Horizonts.

Den Aufzeichnungen zufolge war Brendan nicht der Erste auf dieser Suche. Barinthus, ein benachbarter Mönch, war auf der Suche nach einem Bruder, der die Schule versäumte, seewärts gesegelt und hatte ihn auf der Insel namens „Delicious“ gefunden, von der aus sie noch weiter nach Westen segelten und weitere Wunder fanden. Wie bewegt Brendan auch war, er befahl seinen Mönchen, vierzig Tage mit ihm zu fasten. Dann wählte er vierzehn von ihnen aus und baute ein großes Curragh mit Rippen und Rahmen aus Weidenholz, das mit Fellen bedeckt war. Mit Proviant für vierzig Tage machten sie sich auf den Weg über das weglose Meer und steuerten auf die „Sommersonnenwende“ zu.

Sieben Jahre dauerte diese Reise: Sie erreichten eine Insel nach der anderen im Atlantik, „der Führung Gottes folgend, von seiner Vorsehung genährt und von seiner Macht beschützt“. Schließlich, so heißt es, erreichten sie den amerikanischen Kontinent und fanden den Ort, an dem sie landeten, „in der Tat ein köstliches Land, reich an allem, was den Gaumen befriedigt und das Auge erfreut“; Und sie wollten gerade den schnellen, silbernen Strom überqueren, der sie an den Rand dieses Landes getragen hatte, als ein Engel vor ihnen auftauchte und ihnen befahl, nach Hause zurückzukehren, anstatt sich auszuruhen und zu genießen. Und so kam Brendan der Seefahrer zurück nach Irland, der reisende Odysseus unter den irischen Heiligen.

Was hinter all dem steckt, weiß niemand genau. Doch mit Sicherheit hatten die Bewohner am äußersten Rand Europas immer vage, aber herrliche Gerüchte von einem Land jenseits des Meeres – einem Land, dessen Treibgut und Strandgut, seltsame Nüsse und Unkraut die Meeresströmung von Zeit zu Zeit an ihre Küsten wirft. Und weiß der Himmel, dass diese Menschen des Westens, seit Kolumbus Versprechen erfüllte und Vorstellungen in sicheres Wissen überführte, im Westen einen Hafen gefunden haben, eine Zuflucht vor dem Elend, in das sie hineingeboren wurden. Amerika war eine seltsame und oft unheilvolle Verkörperung der Glücklichen Inseln – und doch kann man sich Irlands Geschichte des letzten Jahrhunderts ohne Amerika vorstellen, auf das man sich stützen und von dem man Hilfe erwarten konnte. Seine Straßen waren nicht mit Gold gepflastert, es gab dort keine leicht zu gewinnende Nahrung: und doch bot es den Fischern und Bauern die Erfüllung ihrer Wünsche und die Erweiterung ihrer Bestrebungen; und die Route, die St. Brendan zuerst eingeschlagen hat, ist für Irland dennoch ein gesegneter Weg, obwohl sie heute häufiger begangen wird, als man sich wünschen könnte, und obwohl sie oft genug zu unglücklichen Untergängen führt.

Heilige Insel, Lough Derg

Wer diese Atlantikküste Irlands besucht, muss nicht etwas von dem spüren, was Erzbischof Healys Beredsamkeit andeutet – das Gefühl eines offenen Tores jenseits der Sonnenbahn, durch das die Vorstellungskraft zu ihrem eigenen Ziel gelockt wird. Diese weiten Gebiete des Westens haben eine wohltuende und erholsame Wirkung. Und sogar landeinwärts folgt sie einem. Wir überquerten die Landzunge der Dingle-Halbinsel bis zur hübschen und wohlhabenden Stadt Tralee, und ganz Ost-Kerry, das in Limerick übergeht, erstreckte sich rechts von uns, eine weite, hügelige Landfläche, die gut in Felder für den Ackerbau aufgeteilt ist. Unser Kurs verlief weiterhin nordöstlich nach Listowel und überquerte den Landstrich, der die Bucht von Tralee von der breiten Mündung des Shannon trennt; Um uns herum war das Land weitläufig, aber gut bewohnt, dicht gesäumt von hübschen kleinen Bauernhäusern. Auf den Straßen herrschte reger Verkehr, von Pferden und Menschen – und von Eseln. Ich sah dort etwas Ungewöhnliches: zwei Esel, die nebeneinander in einem kleinen Karren gefahren wurden und sehr geschickt einen langen Hügel hinunterschritten. Es gab viel Platz für die Menschen, und doch waren die Menschen da – auf dem Land, sie lebten von der Erde, und die schwere Brise des Atlantiks wehte über sie hinweg. Am nächsten Tag mussten wir, da die Züge nicht fuhren, mit dem Auto nach Limerick weiterfahren. Wir fuhren einfach nach Norden zum Ufer des Shannon bei Tarbert und folgten dem Fluss bis nach Limerick, 40 Meilen, Stück für Stück, ein breiter Seeweg für Schiffe, aber leider! keine Schiffe dort: kaum ein Segel auf dem Wasser; obwohl Schlachtschiffe in Foynes liegen können, 30 Meilen von Loop Head entfernt.

Auf diesem Weg gibt es viel zu verweilen: Glin, wo sich die erblichen Ritter von Glin, ein Ableger der Desmond Geraldines, sieben Jahrhunderte lang behauptet haben, selbst während der „Befriedungen" unter Elizabeths Herrschaft; Askeaton, viele Meilen weiter, ein Hauptsitz der Desmond-Hauptlinie, und in Irland – so reich an Ruinen, so arm an Gebäuden, die der Zerstörung entgangen sind – gibt es hier nur wenige schönere Ruinen als das Desmond Castle und die Franziskanerabtei. Noch näher an Limerick, in Carrigagunnel, sehen Sie das Wahrzeichen einer anderen Macht, denn diese Burg wurde von den O'Briens von Thomond erbaut und stand Bunratty am Clare-Ufer gegenüber, einer weiteren großen Festung. – Doch ein bloßer Katalog ist uninteressant , und hier ist kein Platz, um die ineinandergreifenden Schicksale und Konflikte des normannischen Adligen, des irischen Häuptlings und des Cromwellschen Soldaten nachzuzeichnen.

Lassen Sie mich mich auf einen Ort, eine Gruppe von Erinnerungen konzentrieren. Oberhalb der kleinen Stadt Foynes steht ein kleines Haus auf einem Hügel, das heute wunderschön von Sträucher- und Blumenplantagen umgeben ist. Es war das Zuhause einer Dame, die dem irischen Volk im In- und Ausland für ihre Arbeit zur Verbesserung der Lage der Zwischenpassagiere auf Auswandererschiffen und auch für ihre Schriften in Prosa und Versen bekannt war. noch besser bekannt als das wahre Kind eines bemerkenswerten Vaters, William Smith O'Brien, Protestant, Gutsbesitzer, Aristokrat, Rebell und Gesetzesverbrecher. Sie war jemand, der die Schönheit Irlands spürte und liebte – nicht nur das, was man die landschaftliche Schönheit von Orten wie Killarney nennen könnte, sondern auch die wesentliche weite Schönheit dieser fruchtbaren Täler, dieser weiten Himmel.

„Menschen kommen und gehen an diesem großen Fluss", schrieb sie, „und die Offenbarung seiner Schönheit wird ihnen nicht vollständig, oft überhaupt nicht offenbart; aber wenn man an ihm lebt, ist es der schönste Ort auf der ganzen Welt." .... Aber heute Abend war es keine verborgene Schönheit. Es war voll, die Flut strömte gerade hinter der Wende und strömte mit außergewöhnlicher Geschwindigkeit über die große Wassermasse Obwohl sich der ganze Fluss mit vielen Meilen pro Stunde bewegte, war die Oberfläche ein wunderbarer Spiegel. Die leuchtenden Ginstermassen auf der Insel, eine Viertelmeile entfernt, waren in der Welle so nah und deutlich zu erkennen, dass man sich fast ausstrecken konnte Eine Hand, um sie zu sammeln. Jede Wolke und jeder Farbton am Himmel war wieder im Fluss, aber viel intensiver. Zu meinen Füßen und zwanzig Meter weiter unten und auf der anderen Seite des Kanals spiegelte sich eine dichte schwarze Wolke, deren zinnenförmiger Rand Ich stand, wie die alten Bücher zu sagen pflegten, „verzückt" vor dem Widerschein von silbernem, blauem, grauem und intensivem weißem Licht, und immer noch strömte der Fluss herab, und immer noch der Ginster und das Wunderbare Grün und der dunkle Wolkenbalken lagen sozusagen unter meiner Hand, und die herrlichen „Tore des Shannon", wie die Elisabethaner diese Foynes nannten, wurden für das Licht des Himmels geöffnet, das ich nicht berühren konnte."

Von der Straße gleich hinter Foynes in Richtung Limerick sehen Sie einen runden Hügel, auf dem sich eine Ruine und die Überreste eines Friedhofs befinden. Dort, an der windigen Grabstätte ihrer Wahl, liegt sie, diese Liebhaberin Irlands und des Shannon, Charlotte Grace O'Brien. Und für das letzte Wort in diesem kleinen Buch werde ich, ihr naher Verwandter, dessen Hauptbeziehungen zu anderen Provinzen bestehen, eine weitere Passage ihrer Schriften niederschreiben, die seltsamerweise Aufschluss über Münster gibt. Denn hinter Knockpatrick können Sie ein paar Meilen weiter einen weiteren niedrigen Hügel sehen, der von einem gut markierten Hügel gekrönt wird, und auf dem Hügel steht eine große Masse zerbrochenen Mauerwerks, „wie eine schwarze, geballte Faust, die gegen den westlichen Himmel stößt". Das ist Shanid, die ursprüngliche Hochburg der südlichen Geraldinen: „Shanid abu", war ihr Kriegsruf.

An diesen Ort kam Charlotte O'Brien, die Blumen kaum weniger liebte als andere Lebewesen, um nach einer angeblich seltenen Pflanze zu suchen – der „Mariendistel", die so genannt wird, weil die Blätter alle fleckig und mit weißen Flecken marmoriert sind , und die Legende machte es zu einer heiligen Pflanze, die für immer Flecken der Milch der Heiligen Jungfrau trägt.

„Tatsächlich", schrieb sie, „habe ich nur an der Südseite unter der Großen Mauer eine große Menge davon zusammenwachsend gefunden. Nun heißt es, dass diese Pflanze nur als eingeführte Art auf den Britischen Inseln existiert. Deshalb ist dies eine Erklärung." Auf diesem völlig einsamen und trostlosen Hügel müssen wir einen Blick zurück auf die Jahrhunderte werfen und die heilige Pflanze im Klostergarten von Askeaton sehen – dem ersten Geraldine-Haus in Desmond. Wir müssen darüber nachdenken, wie der Samen entstanden sein könnte – tatsächlich muss Zu diesem Wachturm getragen, vielleicht von einer langhaarigen Tochter der Geraldines, die zur Bergfestung geschickt wurde. Wir müssen uns vorstellen, wie sich sein schwaches Wachstum (nur einjährig) auf der geschützten Seite festsetzte von Männern weggefegt, das Kloster abgerissen und geschändet, der Name Desmonds fast vergessen, die große Geraldine-Rasse gebrochen und zerstört: Wir müssen sehen, wie die fast uneinnehmbare Burg in Stücke gesprengt und als Trampelgebiet für das im Sommer erhitzte Vieh zurückgelassen wird; Wundervoller als alles andere müssen wir erkennen, dass die Zeit so vergangen ist, dass von diesem großen Untergang und der Zerstörung keine Aufzeichnungen mehr übrig sind – nichts – nichts außer ein paar Stücken einer neun Fuß dicken Mauer, ein paar Erdhügel und der heiligen Pflanze . Iren! Welche nationale Geschichte steckt in einem Samen dieser Pflanze!“

Wahr genug! Und es stimmt: Um die wahre Schönheit Irlands, seiner Berge und Täler, seiner Felder und Gewässer zu spüren, muss man sie sowohl im Licht der Vergangenheit als auch der Gegenwart sehen, geprägt von Wissen und Liebe.

9 789359 942773
Printed at Repro India Ltd.